I0076821

INVENTAIRE
F 29.708

TEXTES CHOISIS

POUR

LE PREMIER EXAMEN DE LICENCE

Par G. BOISSONADE,

PROFESSEUR-AGRÉGÉ, CHARGÉ D'UN COURS DE DROIT ROMAIN,
A LA FACULTÉ DE DROIT DE GRENOBLE.

GRENOBLE
RAVANAT, LIBRAIRE-ÉDITEUR,
PLACE DE LA HALLE.

1865.

F

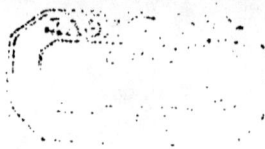

DÉPÔT LÉGAL
Loire
N° 97
1865

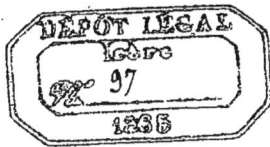

TEXTES CHOISIS

POUR

LE PREMIER EXAMEN DE LICENCE

Par G. BOISSONADE,

PROFESSEUR-AGRÉGÉ, CHARGÉ D'UN COURS DE DROIT ROMAIN,
LA FACULTÉ DE DROIT DE GRENOBLE.

GRENOBLE
RAVANAT, LIBRAIRE-ÉDITEUR.
PLACE DE LA HALLE.

1865.

GRENOBLE. — IMPRIMERIE ALLIER PÈRE ET FILS.

AVERTISSEMENT.

Les élèves qui se présentent au premier examen de licence doivent, d'après les règlements, répondre à trois interrogations sur les *Institutes* de Justinien, et à une autre sur les *Textes* expliqués par le professeur de droit Romain.

Cette dernière partie de l'épreuve était ordinairement remplacée, à Grenoble, par une quatrième question sur les *Institutes*. La Faculté, ayant été d'avis de revenir à l'observation du règlement sur ce point, m'a engagé, dès l'année dernière, à y préparer les élèves auxquels je devais enseigner les livres IIIe et IVe de l'ouvrage élémentaire de Justinien.

Au lieu d'expliquer à cet effet, comme cela se fait le plus souvent, un titre entier du Digeste, j'ai cru plus conforme aux nouvelles prescriptions relatives à l'enseignement du droit Romain, et en même temps plus utile aux élèves, de leur expliquer des Textes choisis dans le Digeste et le Code de Justinien, pour compléter des théories qui trop souvent ne sont qu'indiquées dans les *Institutes*, pour y suppléer des lacunes nombreuses, et même pour y corriger quelques inexactitudes; c'est encore *augendi, supplendi, corrigendi juris civilis gratia;* seulement, ici, c'est Justinien complété et corrigé par lui-même.

Ces additions ont été trop considérables, au cours, pour être toutes demandées comme l'objet de la 4e interrogation; aussi, ai-je dû faire ici un choix plus restreint.

D'un autre côté, un certain nombre d'élèves n'ayant pas l'intention de pousser l'étude du droit Romain jusqu'au doctorat, avait désiré n'être pas tenu à l'acquisition d'un *Corpus juris.* J'ai donc consenti, pour ne pas leur imposer une nouvelle charge, à publier ces *Textes choisis,* avec une traduction dans laquelle j'ai cherché l'exactitude plutôt que l'élégance.

Je n'y ai pas joint de commentaire, me proposant, pour la deuxième quinzaine de décembre, c'est-à-dire à l'approche de l'examen, de consacrer quelques leçons nouvelles à résumer les explications déjà données sur ces Textes, dans le courant de l'année écoulée. J'ai l'espérance qu'ainsi cette partie de l'examen, loin d'être un écueil pour les candidats, pourra leur être très favorable, en même temps qu'elle leur aura fourni l'occasion de connaître plus intimement l'exactitude et la précision, c'est-à-dire l'*elegantia,* des Jurisconsultes romains.

Grenoble, le 1er décembre 1865.

TEXTES CHOISIS

POUR

LE PREMIER EXAMEN DE LICENCE

ET

EXPLIQUÉS AU COURS DE DROIT ROMAIN.

I. Exhérédation des posthumes (1).

AFRICANUS, L. 14, pr., D., *De liberis et postumis* (XXVIII, 2).

1. — « Si postumus, a primo gradu exheredatus, a secundo præteritus sit, quamvis eo tempore nascatur quo
ad heredes primo gradu scriptos pertineat hereditas, se-
cundum tamen gradum vitiari placet, ad hoc, ut, præter-
mittentibus institutis, ipse heres existat; imo et si,

---

(1) J'ai adopté deux sortes de divisions : l'une pour distinguer chaque sujet différent, en suivant l'ordre des *Institutes* ; l'autre par alinéas
portant le même numéro dans le latin et le français, pour rendre
plus sensible la concordance du texte avec la traduction.

defuncto eo, heredes instituti omiserint hereditatem, non posse substitutos adire ; [gradu enim rupto et infirmato, amplius hereditas inde obtineri non potest (L. 4, D., *De injusto, rupto irritove testamento*, XXVIII, 3)]. »

2. — « Itaque et si, a primo gradu exheredatus, a secundo præteritus, a tertio exheredatus sit, et, viventibus primis et deliberantibus, decedat, quæri solet, omittentibus primis aditionem, utrum ad eos qui tertio gradu scripti sint, an potius ad legitimos heredes pertineat hereditas ? Quo et ipso casu rectius existimari putavit [Julianus] ad legitimos eam pertinere. »

1. — Si un posthume exhérédé vis-à-vis du premier degré, a été omis vis-à-vis du second, bien qu'il naisse au moment où l'hérédité est déférée aux héritiers du premier degré, cependant on admet que le second degré soit rompu : en ce sens que, si les [premiers] institués refusent, le posthume sera héritier ; bien plus, s'il est déjà mort au moment où les premiers institués refusent, les substitués ne pourront faire adition ; [car, lorsqu'un degré d'héritiers est rompu et infirmé, l'hérédité ne peut être recueillie en vertu de ce degré (L. 4, D. XXVIII, 3)].

2. — C'est pourquoi si le posthume est exhérédé vis-à-vis du premier degré [des institués], omis vis-à-vis du second, et exhérédé encore vis-à-vis du troisième, et qu'il vienne à mourir pendant que les premiers délibèrent, on se demande, au cas de refus de ceux-ci, si l'hérédité appartient à ceux qui sont institués au troisième degré, ou plutôt aux héritiers *ab intestat* ? Dans ce cas, Julien a pensé avec raison que l'hérédité appartient à ces derniers.

II. Suite du même sujet.

ULPIANUS, L. 5, D., *De injusto ruptove testamento* (XXVIII, 3).

3. — « Si sub conditione sit heres institutus quis, a quo postumus non est exheredatus, tamen pendente conditione rumpitur gradus, ut et Julianus scripsit. Sed et si sit ei substitutus quis, etiam deficiente conditione primi gradus, non admittetur substitutus a quo scilicet postumus exheredatus [non] est (1). Puto igitur, existente quidem conditione primi gradus, postumo potius locum fore ; post defectum autem conditionis natus postumus gradum non rumpit, quia nullus est. »

4. — « Rumpendo autem testamentum, sibi locum facere postumus solet, quamvis filius sequentem gradum a quo exheredatus est patiatur valere. Sed si, a primo gradu præteritus, a secundo exheredatus sit, si eo tempore nascatur postumus quo aliquis ex institutis vivit, totum testamentum ruptum est, nam tollendo primum gradum sibi locum facit. »

3. — Si un héritier est institué sous condition et que le posthume ne soit pas exhérédé vis-à-vis de lui, cependant le degré se trouve rompu pendant que la condition est en suspens, comme l'a écrit Julien. Mais si quelqu'un lui est substitué, quand même la condition du premier degré viendrait à manquer, le substitué ne serait pas admis, même si le posthume est exhérédé vis-à-vis de lui. Je pense donc que si la condition du premier degré

---

(1) Cette négation doit être effacée, comme le pense Cujas.

vient à s'accomplir, il y a lieu, pour le posthume, de venir;
mais s'il naît après que la condition est défaillie, il ne
rompt pas un degré qui n'existe pas.

4. — Or, en rompant le testament, le posthume se fait
place, tandis qu'un fils [déjà né] laisserait valoir le degré
suivant vis-à-vis duquel il est exhérédé. Que si le posthume omis au premier degré, exhérédé au second, naît
au moment où l'un des [premiers] institués vit encore, tout
le testament est rompu, car en détruisant le premier
degré, le posthume se fait place.

III. Esclave héritier nécessaire.

Pomponius, L. 21, § 1, D., *De heredibus instituendis* (xxviii, 5).

5. — « Servo libertatem pure, hereditatem sub conditione, dari posse verissimum puto : ut tamen utrumque
ex conditione pendeat ;

Julianus, L. 22, *eod. tit.*

6. — « Et expleta quidem conditione, liber heresque
erit, quocumque loco libertas data fuerit ; deficiente autem
conditione, perinde habetur ac si libertas sine hereditate
data fuerit. »

Ulpianus, L. 3, § 1, *eod. tit.*

7. — [Ex diverso] « si servum meum pure heredem
scripsero, sub conditione liberum : differtur institutio in
id tempus quo libertas data est. »

5. — Je crois très vrai que l'on peut donner à un esclave la liberté purement et simplement, et l'hérédité

sous condition ; mais de telle façon cependant que les deux dispositions dépendent de la condition.

6. — Ainsi la condition étant accomplie, il sera libre et héritier, dans quelque partie du testament qu'ait été donnée la liberté ; et si la condition fait défaut, les choses se passeront comme si la liberté avait été donnée sans l'hérédité.

7. — [En sens inverse] si j'ai institué mon esclave héritier purement et simplement, et que je l'aie fait libre sous condition , l'effet de l'institution est différé jusqu'au moment pour lequel la liberté lui a été donnée.

IV. Fausse désignation et fausse cause du legs.

ULPIANUS , L. 75, D., *De Legatis* 1º (xxx).

8. — § 1. « Si mihi *quod Titius debet* fuerit legatum, neque Titius debeat, sciendum est nullum esse legatum : et quidem , si quantitas non sit adjecta , evidenti ratione nihil debebitur , quia non apparet quantum fuerit legatum ; nam et si *quod* (1) *ego Titio debeo* ei legavero, quantitate non adjecta , constat nullum esse legatum, cum si *decem quæ Titio debeo* [ei] (2) legavero, nec quidquam Titio debeam, falsa demonstratio non perimit legatum, ut in legato dotis Julianus respondit. »

9. — § 2. « Quod si addiderit: *decem quæ mihi Titius*

---

(1) La Florentine porte *quid* ; nous préférons *quod*, avec la Vulgate.
(2) Nous croyons devoir suppléer ce mot, pour qu'il n'y ait pas antinomie avec le § suivant.

debet lego, sine dubio nihil erit in legato; nam inter falsam demonstrationem et falsam conditionem, sive causam, multum interest. Proinde et si Titio *decem quæ mihi Seius debet* legavero, nullum erit legatum, esse enim debitor debet; nam et si vivus exegissem, extingueretur legatum, et si debitor maneret, actiones adversus eum heres meus duntaxat præstare cogeretur. »

PAPINIANUS, L. 72, § 6, D., *De conditionibus et demonstrationibus et causis* (XXXV, 1).

10. — « Falsam causam legato non obesse verius est, quia ratio legandi legato non cohæret, sed plerumque doli exceptio locum habebit, si probetur alias legaturus non fuisse. »

8. — Si quelqu'un m'a légué *ce que Titius lui doit*, et que Titius ne lui doive rien, il faut reconnaître que le legs est nul : et d'abord, s'il n'y a pas mention d'une quantité, évidemment rien ne sera dû, parce qu'on ne voit pas combien il a été légué ; en effet, si j'ai légué à Titius ce que je lui dois, sans ajouter une quantité, il est constant que le legs est nul ; tandis que si j'avais légué à Titius *les dix que je [lui] dois*, et que je ne lui dusse rien, la fausse désignation ne périmerait par le legs, de même que Julien l'a répondu pour le legs de la dot.

9. — Que si le testateur a ajouté : Je lègue *les dix que Titius me doit*, sans aucun doute le legs n'aura pas d'objet, car entre la fausse démonstration et la fausse condition, ou la fausse cause, il y a une grande différence ; c'est pourquoi si j'ai légué à Titius *les dix que Seius me doit*, le legs sera nul, car il faut qu'il y ait un débiteur ; en effet, si de mon vivant, j'avais exigé la dette, le legs serait éteint, et si la dette subsistait, mon héritier ne serait tenu qu'à céder ses actions contre lui.

10. — Il est vrai que la fausse cause ne nuit pas à la validité du legs, parce que le motif qu'on a de léguer ne fait pas partie essentielle du legs; mais la plupart du temps l'exception de dol sera opposable au légataire, s'il est prouvé que le testateur n'aurait pas légué [au cas où il aurait connu la fausseté de la cause] (1).

V. Combinaison de la quarte Falcidie avec la caducité des legs et l'accroissement entre cohéritiers.

GAIUS, D., *Ad legem Falcidiam* (XXXV, 2).

11. — L. 74. « Quod dicitur : *si ex judicio defuncti quartam habeat heres, solida præstanda esse legata*, ita accipere debemus, si hereditario jure habeat: itaque quod quis legatorum nomine a coherede accepit in quadrantem ei non imputatur. »

12. — L. 75. « Sed si ideo legatum ei datum est *ut integra legata vel fideicommissa præstet*, deneganda erit actio legati, si lege Falcidia uti mallet. »

13. — L. 76, § 1. « .... Placuit legata quæ legatarii non capiunt, cum apud heredes subsederint, hereditario jure apud eos remanere intelligi, et ideo quadranti imputanda: nec quidquam interesse utrum statim ab initio legatum non sit, an quod legatum est remanserit. »

---

(1). Les élèves consulteront aussi avec fruit, sur cette question, la loi 25, D., *De liberatione legata* (XXXIV, 3).

11. — Ce que l'on dit [généralement] : que l'héritier doit fournir les legs en entier, s'il a la quarte d'après les dispositions du défunt, nous devons l'entendre en ce sens : s'il a la quarte *à titre d'héritier* ; en conséquence, ce qu'il a reçu de son cohéritier, comme étant lui-même légataire, ne lui sera pas compté pour la quarte.

12. — Mais si un legs lui a été fait, pour qu'il fournisse les autres legs en entier, on lui refusera l'action relative à ce legs, s'il préfère invoquer la loi Falcidie.

13. — On a admis que les legs non recueillis par les légataires, restant aux mains des héritiers, étaient considérés comme leur restant à titre héréditaire et devaient, en conséquence, s'imputer sur la quarte, et il n'y a pas à distinguer si, dès le début, il n'y a pas eu de legs [excessifs], ou si les legs sont restés à l'héritier (1).

VI. Suite du même sujet (accroissement).

GAIUS, *eodem titulo.*

14. — L. 77. « In singulis heredibus rationem legis Falcidiæ componendam esse non dubitatur ; et ideo si, Titio et Scio heredibus institutis, semis hereditatis Titii exhaustus est, Scio autem quadrans totorum bonorum relictus sit, competit Titio beneficium legis Falcidiæ.

15. — L. 78. « Quod si alterutro eorum deficiente, alter heres solus extiterit, utrum perinde ratio legis Falcidiæ habenda sit ac si statim ab initio is solus heres institutus esset, an singularum portionum separatim causæ

---

(1) Les lois 50, 51, 52, § 1, *hoc tit.*, expriment la même idée.

spectandæ sunt?— Et placet : si ejus pars legatis exhausta sit qui heres extiterit, adjuvari legatarios per deficientem partem, quæ (1) non est legatis onerata ; quia et legata quæ apud heredem remanent efficiunt ut cæteris legatariis aut nihil aut minus detrahatur ; si vero defecta pars fuerit exhausta, perinde in ea ponendam rationem legis Falcidiæ atque si ad eum pertineret a quo defecta fieret. »

14.— On n'hésite pas à admettre que le calcul de la loi Falcidie ne doive se faire au profit de chaque héritier [séparément] ; en conséquence, si, Titius et Seius étant institués héritiers, la moitié de l'hérédité revenant à Titius est épuisée [par les legs] et qu'un quart de tous les biens reste à Seius, Titius n'en aura pas moins le bénéfice de la loi Falcidie.

15. — Que si, l'un des deux venant à manquer, l'autre se trouve seul héritier, faut-il faire le calcul de la loi Falcidie, comme si, dès le début, celui-là seul avait été institué héritier, ou considérer séparément la condition où se trouve chaque portion ?

L'on admet que si la part de celui qui reste héritier est épuisée par des legs, les légataires sont préservés de la réduction, par l'effet de la part héréditaire non recueillie, puisque celle-ci n'est pas grevée de legs ; de même que les legs [non recueillis] qui restent à l'héritier, font qu'on n'enlève rien, ou que peu de chose, aux autres légataires ; mais si la part caduque est épuisée par des legs, on fera à son égard le calcul de la loi Falcidie, comme si cette part continuait à appartenir à celui auquel elle est échappée.

---

(1) Nous adoptons la leçon d'Haloander, *quæ,* au lieu de *quia ea,* qui paraît une faute de copiste amenée par le même mot *quia*, lequel suit immédiatement.

VII. Caractère des contrats nommés et innommés.

ULPIANUS, L. 1. D., *De pactis* (II , 14).

16. — § 3. « *Conventionis* verbum generale est, ad omnia pertinens de quibus negotii contrahendi transigendique causa consentiunt qui inter se agunt. »

17. — § 4. « Sed conventionum pleræque in aliud nomen transeunt, veluti in emptionem, in locationem, in pignus, vel in stipulationem. »

IDEM, L. 7, *eodem titulo.*

18. — Pr. « Juris gentium conventiones quædam actiones pariunt, quædam exceptiones. »

19. — § 1. « Quæ pariunt actiones, in suo nomine non stant, sed transeunt in proprium nomen contractus, ut emptio venditio, locatio conductio, societas, commodatum, depositum et cæteri similes contractus. »

20. — § 2. « Sed et si in alium contractum res non transeat, subsit tamen causa, eleganter Aristo Celso respondit esse obligationem ; utputa, *dedi* tibi rem *ut mihi aliam dares, dedi ut aliquid facias,* hoc συνάλλαγμα [id est, contractum] esse, et hinc nasci civilem obligationem. — Et ideo puto recte Julianum a Mauriciano reprehensum in hoc : *dedi* tibi Stichum *ut Pamphilum manumittas ;* manumisisti, evictus est Stichus ; Julianus scribit in factum actionem a prætore dandam ; ille ait : civilem incerti actionem, id est, præscriptis verbis,

sufficere ; esse enim contractum quod Aristo συνάλλαγμα
dicit, unde hæc nascitur actio. »

21. — § 4. « Sed cum nulla subest causa propter
conventionem, hic constat non posse constitui obligationem. Igitur nuda pactio obligationem non parit, sed parit
exceptionem. »

16.— Le mot de *convention* est général, il se rapporte
à toutes choses sur lesquelles les parties s'accordent
pour contracter ou transiger.

17.—Mais la plupart des conventions acquièrent une
autre dénomination et deviennent une vente, un louage,
un gage, une stipulation.

18. — Parmi les conventions du droit des gens, les
unes engendrent des actions, les autres [seulement] des
exceptions.

19. — Celles qui engendrent des actions, ne conser-
vent pas leur nom [générique], mais elles deviennent des
contrats, avec un nom particulier, comme la vente, le
louage, la société, le prêt à usage, le dépôt, et autres
contrats semblables.

20. — Mais si la convention ne devient pas un contrat,
et que cependant il s'y trouve une cause [civile], Ariston
a répondu à Celsus, avec exactitude, qu'il y a une obligation ; par exemple : je t'ai donné, une chose pour que tu
m'en donnasses une autre, je t'ai donné pour que tu fisses
quelque chose, il y a là un contrat et il en naît une
obligation civile. — C'est pourquoi je pense que Julien a
été justement repris par Mauricien sur le point suivant : Je
t'ai donné Stichus, pour que tu affranchisses Pamphile ;
tu l'as affranchi et Stichus t'est enlevé par éviction ;
Julien écrit qu'une action *in factum* est donnée par le
préteur ; Mauricien dit, au contraire, que l'action civile

incerti, c'est-à-dire l'action *præscriptis verbis*, est suffi-sante, car il y a un contrat qu'Ariston appelle un *synal-lagma*, d'où naît cette action (1).

21. — Mais quand il n'y a aucune cause [civile] à la convention, alors il est constant qu'il ne peut y avoir une obligation. En conséquence, le pacte nu n'engendre pas d'obligation, mais il engendre une exception.

VIII. Prêt des deniers d'autrui.

PAULUS, L. 2, D., *De rebus creditis* (XII, 1).

22. — § 2. « Appellata est *mutui datio* ab eo quod de meo tuum fit, et ideo si non fiat tuum, non nascitur obli-gatio. »

23. — § 4. « In mutui datione oportet dominum esse dantem, nec obest quod filiusfamilias et servus, dantes peculiares nummos, obligant; id enim tale est quale si voluntate mea tu des pecuniam, nam mihi actio adquiritur, licet mei nummi non fuerint. »

ULPIANUS, L. 11, § 2, D., *eodem titulo.*

24. — « Si fugitivus servus nummos tibi crediderit, an condicere tibi dominus possit, quæritur? Et quidem si

---

(1) La théorie générale des contrats innommés, de l'*ob rem datum*, se trouve exposée par Paul, dans la loi 5, D., *De præscriptis et in factum actionibus* (XIX, 5).

La longueur et les difficultés de cette loi ne nous permettent pas de la proposer ici aux élèves de deuxième année. Notre collègue et ami, M. Vernet, l'a analysée et éclaircie dans ses *Textes choisis sur les Obligations*, p. 97 à 107.

servus meus, cui concessa est peculii administratio, crediderit tibi, erit mutua; fugitivus autem, vel alius servus,
contra voluntatem domini credendo, non facit accipientis.
Quid ergo?—Vindicari nummi possunt, si extant; aut, si
dolo malo desinant possideri, ad exhibendum agi; quod
si sine dolo malo consumpsisti, condici tibi poterunt. »

IDEM. L. 13, eodem titulo.

25. — Pr. « Si fur nummos tibi credendi animo de
dit, accipientis non facit, sed consumptis eis, nascitur
[ei] condictio. »

26. § 1. — « Unde Papinianus ait : si alienos nummos
tibi mutuos dedi, non ante mihi teneris qnam eos con-
sumpseris...... .. »

22. — La dation d'un *mutuum* a reçu son nom de ce
que l'objet [prêté] de mien [qu'il était] devient tien, c'est
pourquoi, s'il ne peut devenir ta propriété, il n'en résulte
pas d'obligation.

23. — Dans la dation d'un *mutuum*, il faut que le prê-
teur soit propriétaire, et il n'y a pas d'objection à tirer
de ce qu'un fils de famille et un esclave, en donnant [en
mutuum] les deniers de leur pécule, obligent [l'emprun-
teur]; car le cas est le même que si, par ma volonté, vous
donniez votre argent, en effet, l'action m'est acquise, quoique les deniers fournis ne soient pas les miens.

24. — Si un esclave fugitif vous a prêté des deniers,
le maître peut-il vous les réclamer par la condiction?
C'est une question. Et d'abord si mon esclave, auquel
j'aurais concédé l'administration de son pécule, vous a
prêté [de l'argent de ce pécule], il y aura *mutuum;* mais
l'esclave fugitif, ou un autre esclave prêtant des deniers

contre la volonté du maître, n'en transporte pas la
propriété à celui qui les reçoit. Qu'arrivera-t-il donc?
— Les deniers peuvent être revendiqués, s'ils existent, ou
bien, si par dol, vous avez cessé de les posséder, il y aura
lieu à l'action *ad exhibendum ;* que si vous les avez consommés sans dol, ils pourront vous être réclamés par
la *condictio.*

25.— Si un voleur vous a remis des deniers, dans l'intention de vous les prêter, il ne vous en transfère pas la
propriété, mais une fois qu'ils seront consommés, la condiction lui est acquise.

26. — De là Papinien dit : si je vous ai donné en prêt
les deniers d'autrui, vous n'êtes tenu envers moi, que
lorsque vous les aurez consommés. (1)

IX. Conversion du dépôt et du mandat en m u t u u m (2).

ULPIANUS, D., *De rebus creditis* (XII, 1).

27. — L. 9, § 9. « Deposui apud te decem, postea per-
misi tibi uti : Nerva, Proculus, etiam antequam moveantur,
condicere quasi mutua tibi hæc posse aiunt : et est verum,

---

(1) Ces textes présupposent qu'il n'existe plus de rapports de droit
entre le propriétaire des deniers et l'emprunteur, après la consomma-
tion ; il nous semble cependant que les principes généraux commandent
une solution différente : Voy. L. 32, D., *De reb. cred.*, et L. 1, § 3, *De
condict. sine causa* (XII, 7).

(2) Cette théorie intéressante a été présentée pour la première fois
par notre savant et vénéré maître M. Pellat, doyen de la Faculté de droit
de Paris, dans ses *Textes choisis des Pandectes*, traduits et commentés,
Paris, 1860 ; p. 71 à 74, et p. 83 à 94. — M. Vernet l'a reproduite
dans ses *Textes choisis* déjà cités, p. 17 à 23.

ut et Marcello videtur, animo enim cœpit possidere ; ergo transit periculum ad eum qui mutuum rogavit, et poterit ei condici. »

28. — L. 10. « Quod si ab initio, cum deponerem, uti tibi, *si voles*, permisero, creditam non esse antequam mota sit, quoniam debitum iri non est certum (1). »

PAULUS, L. 29, § 1, D., *Depositi* (XVI, 3).

29. — « Si, [ex] permissu meo, deposita pecunia is penes quem deposita est utatur, ut in cæteris bonæ fidei judiciis, usuras ejus nomine præstare mihi cogitur. »

27. J'ai déposé dix chez toi, ensuite je t'ai permis de t'en servir : Nerva et Proculus disent que, même avant qu'ils soient employés, je puis te les réclamer par la *condictio* comme prêtés : et cela est exact, ainsi que l'admet Marcellus, car le dépositaire a commencé à posséder d'intention ; en conséquence, les risques passent à celui qui a demandé à emprunter et on peut exercer contre lui la *condictio.*

28. — Que si, dès le début, au moment où je faisais le dépôt, je t'ai permis d'en user *si tu le voulais,* il n'y a pas prêt, avant l'emploi des deniers, parce qu'il n'est pas certain que la dette prendra naissance.

29. — Si, en vertu de ma permission, celui dans les mains duquel est déposé mon argent, use de ce même argent : comme dans tout autre contrat de bonne foi, il me doit les intérêts à raison de cette somme.

---

(1) Voy. la même décision d'Ulpien, L. 1, § 34, D., *Depositi* (XVI, 3).

X. Suite du même sujet.

AFRICANUS, L. 34, pr., D. *Mandati* (XVII, 1).

30. — « Qui negotia Lucii Titii procurabat, is, cum a debitoribus ejus pecuniam exegisset, epistolam ad eum emisit qua significaret: *certam summam ex administra-tione apud se esse, eamque creditam sibi se debiturum, cum usuris semissibus.* Quæsitum est, an ex ea causa credita pecunia peti possit, et an usuræ peti possint? — Respondit [Julianus] non esse creditam: alioquin dicendum ex omni contractu, nuda pactione, pecuniam creditam fieri posse. Nec huic simile esse quod, si pecuniam apud te depositam convenerit ut creditam habeas, [ea] credita fiat, quia tunc nummi, qui mei erant, tui fiunt; item, quod si a debitore meo jussero te accipere pecuniam, [ea] credita fiat, id enim benigne receptum est. »

31. — « His argumentum esse : eum qui, cum mutuam pecuniam dare vellet, argentum vendendum dedisset, nihilo magis pecuniam creditam recte petiturum, et tamen pecuniam ex argento redactam periculo ejus fore qui acce-pisset argentum. [Et] in proposito igitur, dicendum actione mandati obligatum fore procuratorem, ut, quamvis ipsius periculo nummi fuerint, tamen usuras de quibus conve-nerit præstare debeat (1). »

30. — Celui qui gérait, comme procureur, les affaires de Lucius Titius, après avoir obtenu de l'argent des débi-

---

(1) L'argument et la solution finale d'Africain sont contredits plus tard par Ulpien, mais à un siècle de distance (voy. n⁰ˢ 32 et 38).

teurs de celui-ci, lui envoya une lettre par laquelle il lui faisait savoir qu'il avait dans les mains une somme déterminée, par suite de son administration, et que si cette somme lui était prêtée, il en serait débiteur, aux intérêts de six pour cent. On a demandé si, pour ce motif, l'argent pouvait être réclamé comme prêté et si les intérêts pouvaient être exigés. — Julien a répondu qu'il n'y a pas prêt, qu'autrement il faudrait dire qu'à la suite de tout contrat, et au moyen d'un simple pacte, l'argent [dû] pourrait devenir l'objet d'un prêt. Et il ne faut pas voir ici de ressemblance avec le cas où il est convenu que tu auras en prêt l'argent déposé chez toi, et où cet argent se trouve en effet prêté, parce que, dans ce cas, les deniers qui étaient miens, deviennent tiens; [ni] de même, avec le cas où je t'ai autorisé à recevoir de mon débiteur de l'argent qui devient aussi de l'argent prêté, car cette solution n'a été admise que par faveur.

31. — La preuve en est que celui qui, voulant prêter de l'argent [à un autre, lui] aura donné de l'argenterie à vendre, n'en pourra pas davantage réclamer l'argent comme prêté, et pourtant les deniers obtenus par la vente de l'argenterie seront aux risques de celui qui aura reçu cette argenterie. Donc, dans l'espèce, il faut dire que le procureur sera tenu par l'action de mandat, de sorte que, bien que les deniers aient été à ses risques, cependant il devra les intérêts dont on est convenu.

XI. Suite du même sujet.

ULPIANUS, D. , *De rebus creditis* (XII, 1).

32. — L. 11, pr. » Rogasti me ut tibi pecuniam crederem; ego, cum non haberem, lancem tibi dedi, vel massam

auri, ut eam venderes et nummis utereris : si vendideris,
puto mutuam pecuniam factam. Quod si lancem, vel
massam, sine tua culpa, perdideris priusquam venderes,
utrum mihi an tibi perierit, questionis est. — Mihi videtur
Nervæ distinctio verissima existimantis multum interesse
[utrum] venalem habui hanc lancem vel massam, nec ne :
ut si venalem habui, mihi perierit, quemadmodum si
alii dedissem vendendam; quod si non fui hoc proposito
ut venderem, sed hæc causa fuit vendendi ut tu utereris,
tibi eam periisse, et maxime si sine usuris credidi. »

33. — L. 15. « Singularia quædam recepta sunt circa
pecuniam creditam ; nam si tibi debitorem meum jussero
dare pecuniam, obligaris mihi, quamvis meos nummos
non acceperis. Quod igitur in duabus personis recipitur,
hoc et in eadem persona recipiendum est : ut, cum ex
causa mandati pecuniam mihi debeas, et convenerit ut
crediti nomine eam retineas, videatur mihi [a te] data
pecunia et a me ad te profecta. »

32. — Tu m'as prié de te prêter de l'argent; moi n'en
ayant pas, je t'ai remis un plat ou un lingot d'or, pour que
tu le vendisses et que tu te servisses de l'argent. Si tu
l'as vendu, je pense qu'il y a prêt d'argent. Que si, sans ta
faute, tu as perdu le plat ou le lingot, avant de le vendre,
est-ce pour moi ou pour toi qu'il a péri ? C'est une question. — Quant à moi, je trouve très fondée la distinction de
Nerva qui pense qu'il importe beaucoup de savoir si j'avais
ou non l'intention de vendre ce plat ou ce lingot; de sorte
que, si j'avais l'intention de le vendre, il aura péri pour
moi, comme si je l'avais donné à vendre à tout autre; que
si je n'étais pas dans le dessein de le vendre, mais que je
n'aie eu d'autre intention que de te procurer l'usage du
prix, c'est pour toi qu'il a péri, surtout si je t'ai fait le
prêt sans intérêts.

33. — On a admis certaines singularités à l'égard du prêt, car si j'ai autorisé mon débiteur à te donner de l'argent, c'est envers moi que tu es obligé, quoique tu n'aies pas reçu mes deniers. Donc, ce qui est admis entre deux personnes, doit l'être à l'égard d'une seule et même personne : en sorte que, lorsque tu me dois de l'argent en vertu d'un mandat et qu'il est convenu que tu le retiendras à titre de prêt, cet argent semble m'avoir été remis [par toi] et de mes mains être retourné dans les tiennes (1).

XII. Exercice de l'action hypothécaire, tant contre le tiers-détenteur que contre le débiteur.

MARCIANUS, L. 16, § 3, D., *De pignoribus et hypothecis* (xx, 1).

34. — « In vindicatione pignoris quæritur : an rem de qua actum est possideat is cum quo actum est ? Nam si non possideat, nec dolo fecerit quominus possideat, absolvi debet ; si vero possideat et, aut pecuniam solvat,

---

(1) Rapprocher de ce texte : la loi 3, § 12, D., *De donationibus inter virum et uxorem*, qui est aussi d'Ulpien et où se trouve la même idée élégamment exprimée : *nam celeritate conjungendarum inter se actionum, unam occultari.....* et la loi 43, § 1, D., *De jure dotium*, où se trouve consacrée l'expression de tradition *brevi manu*. Ces idées simples admises sans difficulté par Ulpien ne l'étaient pas de même au temps d'Africain, comme on le voit par la loi 34, pr., *Mandat* (ci-dessus, no 30) et par la loi 38, § 1, D., *De solutionibus* (xlvi, 3).

aut rem restituat, æque absolvendus est; si vero neutrum
horum faciat, condemnatio sequetur.......; sin vero dolo
quidem desiit possidere, summa autem ope nisus non
possit rem ipsam restituere, tanti condemnabitur quanti
actor in litem juraverit, sicut in cæteris in rem actionibus; nam si tanti condemnatus esset quantum deberetur,
quid proderat in rem actio, cum et in personam agendo
idem consequeretur? »

Ulpianus, L. 21, § 3, eodem titulo.

35. — « Si res pignerata non restituatur, lis adversus
possessorem erit æstimanda; sed utique aliter adversus
ipsum debitorem, aliter adversus quemvis possessorem;
nam adversus debitorem, non pluris quam quanti debet,
quia non pluris interest; adversus cæteros possessores
etiam pluris, et quod amplius debito consecutus creditor
fuerit, restituere debet debitori pigneratitia actione. »

34. — Dans la revendication du gage, on examine si le
défendeur possède la chose dont il s'agit. Car s'il ne la
possède pas et n'a point, par dol, fait en sorte de ne la
pas posséder, il doit être absous; mais s'il possède et
paie la dette ou restitue la chose, il doit également être
absous; s'il ne fait ni l'un ni l'autre, la condamnation
s'en suivra.......; mais s'il a cessé de posséder par dol, et
que, malgré de grands efforts, il ne puisse restituer la chose
même, il sera condamné au montant de ce que le demandeur jurera, comme intérêt du litige, ainsi que cela a lieu
dans les autres actions réelles; en effet, s'il n'était condamné qu'au montant de la dette, à quoi servirait l'action
réelle, lorsqu'en usant de l'action personnelle le demandeur obtiendrait le même résultat?

35. — Si la chose donnée en gage n'est pas livrée [au créancier], le montant de la condamnation sera estimé contre le possesseur ; mais cela se fera autrement contre le débiteur lui-même, que contre tout autre possesseur ; car, contre le débiteur, la condamnation n'excèdera pas ce qu'il doit ; en effet, le demandeur n'a pas un intérêt supérieur ; tandis que contre les autres possesseurs, elle pourra être plus élevée, et ce que le créancier aura obtenu au-delà de ce qui lui est dû, il devra le restituer au débiteur sur l'action *pigneratitia* de celui-ci.

XIII. Acquisition de la propriété par la possession damni infecti causa.

PAULUS, L. 5, pr., D., *De damno infecto* (XXXIX, 2).

36. — « Prætoris officium est ut missus in possessionem, etiam eam per longi temporis spatium in suum dominium capere possit. »

. ULPIANUS, L. 15, D., *eod. tit.*

37. — § 16. « Julianus scribit eum qui in possessionem damni infecti nomine mittitur, non prius incipere per longum tempus dominium capere, quam secundo decreto a prætore dominus (1) constituatur. »

38. — § 17. « Si ante hoc decretum alius quoque in possessionem missus fuerit, æqualiter ambo ædium fiunt domini ; scilicet cum jussi fuerint possidere. Si vero

---

(1) Les expressions *dominus fit*, *jure dominii possidet*, *dominium nanciscitur*, sans qu'il soit mention d'usucapion, se trouvent dans plusieurs autres titres : V. loi 5, D., *Comm. divid.* (X, 3) ; L. 1, pr., D., *De fundo dot.* (XXIII, 5) ; L. 5, § 3, D., *De rebus eor. qui...* (XXVII, 9).

jam constituto domino eo qui primus in possessionem missus est, Titius damni infecti sibi caveri desiderabit, cessante primo cavere, solus Titius erit in possessione. »

39. — § 20. « Si quis autem, in possessionem missus, nondum possidere jussus sit, an dominus decedere possessione debeat? Videamus : et ait Labeo non decedere ; sicuti nec cum creditores vel legatarii mittuntur ; idque est verius. »

40. — § 23. « Ubi autem quis possidere jussus est, dominus dejiciendus erit possessione. »

41. — § 24. « Si qua sint jura debita his qui potuerunt de damno infecto satisdare, deneganda erit eorum persecutio adversus eum qui in possessionem missus est ; et ita Labeo probat. »

42. — § 25. « Item quæritur, in pigneratitio creditore, an pignoris persecutio denegetur adversus eum qui jussus sit possidere ? Et magis est ut si neque debitor repromisit, neque creditor satisdedit, pignoris persecutio denegetur. Quod et in fructuario recte Celsus scribit. »

43. — § 33. « Posteaquam autem quis possidere jure dominii a prætore jussus est, nequaquam locus erit cautionis oblationi, et ita Labeo : cæterum nullus, inquit, finis rei invenietur, et hoc est verissimum ; seposito eo quod quibusdam, vel ætate, vel qua alia justa causa subvenitur. »

36. — « L'office du préteur produit ce résultat : que celui qui est envoyé en possession puisse, au moyen de la prescription de long temps, acquérir la propriété de la chose.

37. — Julien écrit que celui qui est envoyé en possession, à raison d'un dommage imminent, ne commence pas à acquérir la propriété par la possession de long temps, avant d'être constitué *dominus* (1) par le préteur, au moyen du second décret.

38. — Si avant ce décret, un autre demandeur est aussi envoyé en possession ; ils deviennent également tous deux propriétaires , lorsque d'ailleurs ils ont reçu l'ordre de posséder. Mais si ce n'est que lorsque le premier envoyé en possession a déjà été constitué propriétaire, que Titius demande qu'il lui soit donné caution pour le dommage imminent, le premier possesseur refusant de la donner, Titius restera seul en possession.

39. — Si le demandeur, envoyé en possession, n'a pas encore reçu l'ordre de posséder, doit-il expulser le propriétaire ? Voyons-le. Et Labéon dit qu'il ne le doit pas encore, pas plus que les créanciers ou les légataires, lorsqu'ils sont envoyés en possession ; et cela est exact.

40. — Mais dès que l'ordre de posséder est obtenu, le propriétaire doit être expulsé.

41. — [Et] si quelques droits appartenaient à ceux qui pouvaient donner la caution du dommage imminent, on leur en refuse la poursuite contre celui qui a été envoyé en possession ; cet avis est approuvé par Labéon.

42. — De même, on demande, à l'égard du créancier gagiste, si la poursuite du gage lui est refusée contre celui qui a reçu l'ordre de posséder ? Et il est préférable que si la caution n'a été fournie, ni par le débiteur, ni par le créancier , la poursuite du gage soit refusée à ce der-

---

(1) Nous ne traduisons pas ici *dominus*, parce que le mot français *propriétaire* formerait, dans la phrase, une contradiction plus apparente que le mot *dominus* latin.

nier (1). Celsus dit avec raison que la même solution doit
être admise pour l'usufruitier.

43. — Mais lorsque le demandeur a reçu du préteur
l'ordre de posséder avec droit de propriété (2), il n'y a plus
lieu à offrir la caution, c'est l'avis de Labéon : autrement,
dit-il, le débat n'aurait pas de fin, et cela est très vrai ;
en exceptant pourtant que le préteur vient en aide à
quelques-uns, soit pour leur âge, soit pour toute autre
raison d'équité.

PAULUS, L. 18, § 15, D., eod. tit.

44. — « Non solum autem eum punit prætor qui in
possessione esse, sed etiam eum qui possidere passus non
fuerit : cum alioquin, si is qui jussu prætoris cœperat
possidere et possidendo dominium capere, aut non admis-
sus, aut ejectus inde fuerit, utile interdictum *unde vi*,
vel Publicianam actionem habere potest. Sed si in factum
actione egerit, his actionibus experiri non potest, cum
prætor id agat ne damnum faciat (3) actor, non ut in lucro
versetur. »

44. — Non seulement le préteur punit celui qui n'a pas

---

(1) La loi 12 de notre titre exclut formellement le créancier gagiste,
en face du possesseur *damni infecti causa* ; la loi 44, § 1, *h. t.* l'admet,
au contraire, à la revendication du gage ; la conciliation est dans la
distinction de notre loi 15, §§ 24 et 25.

(2) *Jure dominii* ne nous semble pas devoir être traduit comme s'il y
avait *animo domini*.

(3) *Faciat* nous paraît une erreur de copiste : on a proposé de lire
patiatur ; peut-être pourrait-on proposer *sentiat* ; il faut nécessaire-
ment adopter le sens de l'une ou l'autre de ces deux corrections.

laissé le demandeur être *in possessione*, mais aussi celui qui ne l'a pas laissé *posséder;* en outre, si celui qui avait commencé à posséder par l'ordre du préteur et à acquérir la propriété par la possession, ou n'a pas été admis, ou a été expulsé du fonds, il peut avoir l'interdit utile *unde vi*, ou l'action Publicienne. Mais s'il a une fois agi par l'action *in factum*, il ne peut plus recourir à ces dernières actions, car le préteur n'a eu vue que de préserver le demandeur d'éprouver un dommage, et non de lui faire trouver un gain.

XIV. Fidejussio indemnitatis. (1)

ULPIANUS, L. 6, pr. D., *De novationibus* (XLVI, 2).

45. — « Si ita fuero stipulatus: *quanto minus a Titio debitore exegissem, tantum fidejubes?* non fit novatio, quia non hoc agitur ut novetur. »

CELSUS, L. 42, pr., D., *De rebus creditis* (XII, 1).

46. — « Si ego decem stipulatus a Titio, deinceps stipuler à Seio *quanto minus a Titio consequi possim*, si decem petiero a Titio, non liberatur Seius: alioquin nequidquam mihi cavetur; at si judicatum fecerit Titius, nihil ultra Seius tenebitur. Sed si cum Seio egero, quantumcumque est quominus a Titio exigere potuero, eo tempore quo judicium inter me et Seium acceptum est, tanto minus a Titio postea petere possum. »

_____

(1) Cette théorie est encore une de celles que M. le doyen Pellat a mises parfaitement en relief, dans ses *Textes choisis* déjà cités, p. 161 à 171.

PAULUS, L. 21, D., *De solutionibus* (XLVI, 3).

47. — « Si decem stipulatus a Titio, deinde stipuleris a Scio *quanto minus ab illo consecutus sis*, etsi decem petieris a Titio, non tamen absolvitur Seius; quid enim, si condemnatus Titius nihil facere potest? Sed et si cum Seio prius egeris, Titius in nullam partem liberatur, incertum quippe est an omnino Seius debiturus sit; denique si totum Titius solverit, nec debitor fuisse videbitur Seius, quia conditio ejus deficit. »

PAPINIANUS, L. 116, D., *De verborum obligationibus* (XLV, 1).

48.—« Decem stipulatus a Titio, postea *quanto minus ab eo consequi posses*, si a Mævio stipuleris, sine dubio Mævius universi periculum potest subire (1); sed et si decem petieris a Titio, Mævius non erit solutus, nisi judicatum Titius fecerit.

Paulus notat : non enim sunt duo rei Mævius et Titius ejusdem obligationis, sed Mævius sub [hac] conditione debet: *Si a Titio exigi non poterit ;* igitur, nec Titio convento Mævius liberatur, qui an debiturus sit incertum est, et solvente Titio non liberatur Mævius qui nec tenebatur, cum conditio stipulationis deficit; nec Mævius pendente stipulationis conditione recte potest conveniri; a Mævio enim ante Titium excussum non recte petetur. »

MODESTINUS, L. 41, pr., D., *De fidejussoribus* (XLVI, 1).

49. — « Si fidejussores in id accepti sunt quod a cura-

_____

(1) La même idée se retrouve, et plus explicite, dans la loi 150, D., *De verborum significatione* (L, 16).

tore servari non possit, et post impletam legitimam æta-
tem, tam ab ipso curatore quam ab heredibus ejus solidum
servari potuit, et cessante eo qui pupillus fuit, solvendo
esse desierit, non temere utilem in fidejussores actionem
competere. »

PAPINIANUS, L. 52, pr., D., *eod. tit.*

50. — [Sed] « amissi ruina pignoris damnum tam
fidejussoris quam rei promittendi periculum spectat, nec
ad rem pertinebit fidejussor ita sit acceptus : *quanto minus ex pretio pignoris distracti servari potuerit;* istis
enim verbis etiam totum contineri convenit. «

45. — Si j'ai stipulé en ces termes : « me promettez-
vous tout ce que je n'aurai pu exiger de Titius ? » il n'y
a pas novation, car on ne se propose pas de nover.

46. — Si ayant stipulé dix de Titius, je stipule ensuite
de Seius « tout ce que je ne pourrai obtenir de Titius, »
si [ensuite] je demande dix à Titius, Seius ne sera pas
absous : autrement je n'aurais aucune sûreté ; mais si
Titius a exécuté la sentence, Seius n'est plus tenu de
rien. Que si j'ai agi contre Seius, tout ce que [déjà] je
n'aurais pu exiger de Titius au moment où l'action a été
engagée entre moi et Seius, est autant de moins que je
pourrai exiger dans la suite, de Titius lui-même.

47. — Si ayant stipulé dix de Titius, tu stipules ensuite
de Seius « tout ce que tu ne pourras obtenir du premier, »
lors même que tu aurais demandé les dix à Titius, cependant Seius n'est pas libéré : qu'arriverait-il, en effet,
si Titius condamné ne pouvait payer ? Et quand bien même
tu agirais d'abord contre Seius, Titius ne serait libéré
pour aucune portion de sa dette, car on ne sait pas si
Seius sera aucunement débiteur ; enfin si Titius paie toute

sa dette, Seius ne paraîtra pas avoir été débiteur, parce que la condition de son obligation fait défaut.

48. — Ayant stipulé dix de Titius, si ensuite tu stipules de Mævius tout ce que tu ne pourras obtenir du premier, sans doute Mævius peut supporter le poids de toute la dette, et si tu demandes les dix à Titius, Mævius ne sera pas libéré, à moins que Titius n'exécute le jugement.

Paul note [sur ce point] : « car Mævius et Titius ne sont pas deux co-débiteurs de la même obligation, mais Mævius doit sous cette condition : *si l'on ne peut rien obtenir de Titius ;* donc Titius étant actionné, Mævius n'est pas libéré, lui dont l'obligation future était incertaine, et Titius payant, Mævius n'est pas non plus libéré, lui qui n'était pas tenu, du moment que la condition de la stipulation fait défaut [à son égard] ; enfin Mævius ne peut être valablement actionné, tant que la condition de sa promesse est en suspens, car on ne peut poursuivre utilement Mævius, avant d'avoir discuté Titius. »

49. — Si les fidéjusseurs ont été reçus pour ce qui ne pourrait être obtenu d'un curateur, et qu'après que le pupille a atteint l'âge légal, le montant du compte de tutelle (1) ait pu être obtenu en entier, soit du curateur lui-même, soit de ses héritiers, mais que par la négligence de celui qui avait été son pupille, il ait cessé d'être solvable, ce n'est pas sans scrupule que l'on donnera une action efficace contre les fidéjusseurs (2).

---

(1) Les expressions du texte : *a curatore* et *pupillus*, contradictoires au premier abord, se concilient, si l'on suppose un tuteur devenu curateur et ne rendant ses comptes qu'après la majorité de 25 ans de l'ex-pupille (*ejus qui pupillus fuit*).

(2) Pour les fidéjusseurs ordinaires, voir la loi 62, pr., *hoc tit.*, et pour les *mandatores pecuniæ credendæ*, la loi 95, § 11, *De solutionibus* (XLVI, 3).

50. — Mais la perte du gage détruit par accident est
aux risques tant du fidéjusseur que du débiteur principal,
et il n'importe pas si le fidéjusseur n'a été reçu que pour
ce qui ne pourrait être obtenu par le prix du gage vendu,
car dans ces expressions il faut reconnaître que toute la
dette se trouve [éventuellement] comprise.

XV. Mandatum, pecuniæ credendæ.

PAPINIANUS, L. 56, pr., D., *Mandati* (XVII, 1).

51. — « Qui mutuam pecuniam dari mandavit, omisso
reo promittendi et pignoribus non distractis, eligi potest :
quod uti liceat si litteris exprimatur, distractis quoque
pignoribus, ad eum creditor redire poterit ; etenim quæ
dubitationis tollendæ causa contractibus inseruntur jus
commune non lædunt. »

SCÆVOLA, L. 60, pr., D., *eod. tit.*

52. — « Creditor mandatorem convenit ; is, condemnatus, provocavit. Quærendum est an manente appella-
tione debitor a creditore conveniri potest? Respondi
posse. »

JULIANUS, L. 13, D., *De fidejussoribus et mandatoribus* (XLVI, 1)-(1).

53. — « Si, mandatu meo, Titio decem credideris et

---

(1) Ce texte de Julien a été presque littéralement copié par Gaius
(voy. loi 27, § 5, *Mandati*) ; nous le donnons de préférence, parce qu'il
est du maître, et aussi le plus complet.

mecum mandati egeris, non liberabitur Titius; sed ego
tibi non aliter condemnari debebo quam si actiones quas
adversus Titium habes mihi præstiteris. Item, si cum
Titio egeris, ego [quidem] non liberabor, sed in id duntaxat tibi obligatus ero (1) quod a Titio servare non
potueris. »

Ulpianus, L. 28, D., Mandati (xvii, 1).

54. — « Papinianus, libro iii *Quæstionum*, ait mandatorem debitoris solventem ipso jure reum non liberare ;
propter mandatum enim suum solvit et suo nomine :
ideoque mandatori actiones putat adversus reum cedi
debere. » (2)

Papinianus, L. 95, § 11, D., De solutionibus (xlvi, 3).

55. — « Si creditor a debitore culpa sua ceciderit,
prope est ut actione mandati nihil a mandatore consequi
debeat, cum ipsius vitio acciderit ne mandatori possit actionibus cedere. » (3)

51. — Celui qui a donné mandat de prêter, peut être
choisi [pour payer], le créancier négligeant de poursuivre

---

(1) L'édition de Galisset, gâtée par tant de fautes typographiques,
porte ici *reo* pour *ero*; cette anagramme est fâcheuse, en matière de
fidéjussion surtout.— Voir, dans la même loi, *ibi* pour *tibi*.

(2) La loi 95, § 10, D., *De solutionibus*, de Papinien, développe
les trois propositions qui précèdent : à savoir que le *reus* n'est libéré
ni par la poursuite, ni par la condamnation, ni par le paiement du
mandator.

(3) Voy. nº 49 et la note.

le débiteur principal et de vendre les gages ; [et] s'il est exprimé par écrit que le créancier aura cette faculté, il pourra [néanmoins], après la vente des gages, revenir contre le *mandator*, car les clauses qui sont insérées dans les contrats pour lever les doutes ne lèsent pas le droit commun.

52. — Le créancier a actionné le *mandator*, celui-ci, condamné, a formé appel. On demande si, durant l'appel, le débiteur peut être actionné par le créancier : j'ai répondu qu'il le peut.

53. — Si, sur mon mandat, tu as prêté dix à Titius et si tu as agi contre moi par l'action de mandat, Titius ne sera pas libéré ; mais moi je ne devrai être condamné envers toi que si tu me fournis les actions que tu as contre Titius. De même, si tu as poursuivi Titius, je ne serai pas libéré, il est vrai, mais je ne serai obligé envers toi qu'à la somme que tu n'auras pu obtenir de Titius.

54. — Papinien, au livre IIIe de ses *Questions*, dit que le *mandator* du débiteur, en payant la dette, ne libère pas celui-ci de plein droit ; car il paye à cause de son mandat et en son propre nom ; c'est pourquoi il pense que les actions du créancier doivent encore être cédées au *mandator*.

55. — Si le créancier, par sa faute, a été déchu de son droit vis-à-vis du débiteur, il est raisonnable de dire qu'il ne doit rien obtenir du *mandator*, puisque c'est par sa faute qu'il ne peut plus céder ses actions à celui-ci.

XVI. Effets des arrhes dans la vente (1).

JUSTINIANUS, L. 17, Cod., *De fide instrumentorum* (IV, 21).

56. — « Contractus venditionum, vel permutationum, vel donationum quas intimari non est necessarium, dationis etiam arrharum, vel alterius cujuscunque causæ, quos tamen in scriptis fieri placuit, transactionum etiam quas in instrumento recipi convenit, non aliter vires habere sancimus, nisi instrumenta in mundum recepta subscriptionibusque partium confirmata et, si per tabellionem conscribantur, etiam ab ipso completa et postremo partibus absoluta sint, ut nulli liceat, priusquam hæc ita præcesserint,..... aliquod jus sibi ex eodem contractu vel transactione vindicare......

Illud etiam adjicientes ut, in posterum, si quæ arrhæ super facienda emptione, cujuscunque rei datæ sint, sive in scriptis, sive sine scriptis (2), licet non sit specialiter adjectum quid super iisdem arrhis, non procedente con-

---

(1) Nous espérons démontrer, dans le numéro de janvier 1866 de la *Revue historique de droit français et étranger*, que l'innovation de Justinien, au sujet des arrhes, s'applique seulement aux ventes que les parties veulent faire par écrit, et que les ventes parfaites sans écrit ne sont aucunement susceptibles de dédit.

(2) C'est cette phrase qui, mal analysée dans les *Institutes* (III, 23, pr.), a fait croire que la constitution s'appliquait aussi aux ventes faites sans écrit : il est surprenant qu'on n'ait pas encore songé (à notre connaissance, du moins) à l'appliquer à la dation des arrhes qui, d'après les premiers mots de la constitution, pouvaient elles-mêmes être données *scriptis* ou *sine scriptis*.

tractu, fieri oporteat, tamen et qui vendere pollicitus est, venditionem recusans, in duplum eas reddere cogatur, et qui emere pactus est, ab emptione recedens, datis a se arrhis cadat, repetitione eorum deneganda. »

56. — Les contrats de ventes, ou d'échanges, ou de donations (quand elles ne sont pas soumises à l'insinuation), de dation d'arrhes, ou de toute autre nature, mais qu'il a plu aux parties de faire par écrit, de même les contrats de transactions que l'on est convenu de recevoir par écrit, n'auront de force, suivant notre présente constitution (*sancimus*), que si les instruments de preuve ont été reçus au net et confirmés par la signature des parties et, s'ils sont dressés par des tabellions, qu'autant qu'ils ont été complétés par lui et enfin parachevés dans toutes leurs parties, de sorte qu'il n'est permis à personne, avant l'accomplissement de ce qui précède, de réclamer un droit quelconque, en vertu de ce même contrat ou de cette transaction......

Nous ajoutons qu'à l'avenir, si des arrhes quelconques sont données pour une vente à faire, en quelqu'objet que ces arrhes consistent, et qu'elles soient [elles-mêmes] données par écrit ou sans écrit, quand bien même on n'aurait pas spécialement ajouté ce qui devrait advenir au sujet des mêmes arrhes, si le contrat ne se formait pas, cependant celui qui a promis de vendre, refusant la vente, sera forcé de les rendre au double, et celui qui est convenu d'acheter, se retirant du contrat, perdra les arrhes qu'il a données, la répétition lui en devant être refusée.

XVII. Obligation principale du vendeur (1).

PAULUS , L. 3 , pr., D., *De obligationibus et actionibus* (XLIV, 7).

57. — « Obligationum substantia non in eo consistit ut aliquod corpus nostrum aut servitutem nostram faciat; sed ut alium nobis obstringat ad dandum aliquid, vel faciendum , vel præstandum. »

ULPIANUS , L. 25 , § 1 , D., *De contrahenda emptione* (XVIII, 1).

58. — « Qui vendidit necesse non habet fundum emptoris facere, ut cogitur qui fundum stipulanti spopondit. »

IDEM , L. 28 , *eod. tit.*

59. — » Rem alienam distrahere quem posse nulla dubitatio est, nam emptio est et venditio; sed res emptori auferri potest. »

LABEO , L. 80 , § 3, D., *eod. tit.*

60. — « Nemo potest videri eam rem vendidisse de cujus dominio id agitur ne ad emptorem transeat : sed aut locatio est, aut aliud genus contractus. »

---

(1) La combinaison des textes réunis sous cette rubrique tend à prouver que si le vendeur n'est pas tenu de rendre l'acheteur propriétaire, il doit lui fournir les moyens légaux de le devenir.

ULPIANUS, L. 11, § 2, D., *De actionibus empti* (XIX, 1).

61. — « In primis ipsam rem præstare venditorem oportet, id est, tradere : quæ res, si quidem dominus fuit venditor, facit et emptorem dominum ; si non fuit, tantum evictionis nomine venditorem obligat, si modo pretium est numeratum, aut eo nomine satisfactum. Emptor autem nummos venditoris facere cogitur. »

PAULUS, L. 1, pr., D., *De rerum permutatione* (XIX, 3).

62. — « Sicut aliud est vendere, aliud emere [et] alius emptor, alius venditor ; ita pretium aliud, aliud merx, ... multumque differunt præstationes : emptor enim nisi nummos accipientis fecerit, tenetur ex vendito : venditori sufficit ob evictionem se obligare, possessionem tradere et purgari dolo malo ; itaque, si evicta res non sit, nihil debet....... »

PAULUS, L. 4, pr., D., *De actionibus empti* (XIX, 1).

63. — « Si servum mihi ignoranti, sciens furem vel noxium esse, vendideris, quamvis duplam promiseris, teneris mihi ex empto, quanti mea intererit sciisse, quia ex stipulatu eo nomine agere tecum non possum, antequam mihi quid abesset » (1).

AFRICANUS, L. 30, § 1, *eod. tit.*

64. — « Si sciens alienam rem ignoranti mihi vendi-

_____

(1) [Evictio est et] « duplæ stipulatio committi dicitur tunc cum res restituta est petitori, vel damnatus est litis æstimatione, vel possessor ab emptore conventus absolutus est » (POMPONIUS, L. 16, § 1, D., *De evictionibus*, XXI, 2).

deris, etiam priusquam evincatur, utiliter me ex empto
acturum putavit in id quanti mea intersit meam esse factam ; quamvis enim alioquin verum sit, venditorem hac-
tenus teneri *ut rem emptori habere liceat*, non etiam
ut ejus faciat, quia tamen dolum malum abesse præstare
debeat, teneri eum qui, sciens alienam, non suam, ignoranti vendidit. Idem est [et] maxime, si manumissuro vel
pignori daturo vendiderit. »

JULIANUS, L. 8, D., *De evictionibus et duplæ stipulatione*
(XXI, 2).

65. — « Venditor hominis emptori præstare debet
quanti ejus interest hominem venditoris fuisse : quare
sive partus ancillæ, sive hereditas quam servus jussu
emptoris adierit evicta fuerit, agi ex empto potest ; et
sicut obligatus est venditor *ut præstet licere* HABERE
hominem quem vendidit, ita ea quoque quæ per eum
adquiri potuerunt præstare debet emptori ut *habeat*. »

ULPIANUS, L. 38, § 9, D., *De verborum obligationibus* (XLV, 1).

66. — « HABERE dupliciter accipitur, nam et eum
habere dicimus qui rei dominus est, et eum qui dominus
quidem non est, sed tenet : denique *habere* rem apud
nos depositam solemus dicere » (1).

PAULUS, L. 188, pr., D., *De verborum significatione* (L, 16).

67.—« *Habere* duobus modis dicitur : altero, jure dominii, altero, obtinere sine interpellatione id quod quis
emerit. »

---

(1) Les expressions *habere* et *habere licere* sont encore commentées
dans la même loi 39, pr. et §§ 1er à 4.—V. aussi : *Inst.*, III, 29, 2.

PAULI *Sententiæ*, lib. 1, tit. XIII A, § 4.

68.—« Si id quod emptum est, neque tradatur, neque mancipetur, venditor cogi potest ut tradat, aut mancipet. »

GAII *Commentarii*, lib. IV, § 131, *in medio.*

69. — « Si, verbi gratia, ex empto agamus ut nobis fundus mancipio detur, debemus ita præscribere: *ea res agatur de fundo mancipando*, ut postea si velimus vacuam possessionem nobis tradi, de tradenda ea, vel ex stipulatu, vel ex empto, agere possimus, alioquin protinus totius illius juris obligatio incerta actione....... per litis contestationem consumitur, ut postea nobis agere volentibus de vacua possessione tradenda nulla supersit actio. »

57.— La nature des obligations ne consiste pas à nous rendre propriétaire d'un objet, ou à nous faire acquérir une servitude, mais à astreindre une autre personne envers nous, à donner, à faire, ou à fournir quelque chose.

58. — Celui qui a vendu n'est pas dans la nécessité de transférer la propriété à l'acheteur, comme y est forcé celui qui a promis sur stipulation.

59. — Il n'y a aucun doute qu'on puisse vendre la chose d'autrui, car il y a dans ce cas achat et vente; mais la chose peut être enlevée à l'acheteur [par le vrai propriétaire].

60. — On ne peut vendre une chose, en convenant que la propriété n'en passera pas à l'acheteur, mais alors il y a louage, ou un autre genre de contrat.

61. — Il faut d'abord que le vendeur fournisse la

chose vendue, c'est-à-dire, en fasse la tradition, ce qui
rend l'acheteur propriétaire, si le vendeur l'est lui-même;
s'il ne l'est pas, il est seulement obligé à raison de
l'éviction, si toutefois le prix lui a été compté, ou s'il a
reçu une satisfaction à ce sujet. Quant à l'acheteur, il
doit transporter la propriété des deniers au vendeur.

62. — De même que: autre chose est vendre, autre
chose est acheter, et que autre est l'acheteur, autre est
le vendeur ; de même: autre chose est le prix, autre
chose la marchandise ; ..... et les prestations diffèrent
beaucoup entre elles, car l'acheteur, à moins d'avoir
transféré la propriété des deniers au vendeur, est tenu de
l'action de vente; tandis qu'il suffit au vendeur de s'obli-
ger au sujet de l'éviction, de livrer la possession et de
s'abstenir de tout dol ; c'est pourquoi, s'il n'y a pas éviction
de la chose, il ne doit rien.

63. — Si tu m'as vendu un esclave voleur et exposé
à l'abandon noxal, le sachant tel, lorsque moi-même je
l'ignorais, quoique tu m'aies promis le double du prix,
cependant c'est par l'action *ex empto* que tu es tenu envers
moi, dans la mesure de l'intérêt que j'avais à savoir
qu'il avait ces défauts; car je ne puis agir contre toi par
l'action *ex stipulatu*, avant qu'il me manque quelque
droit sur l'objet vendu (1).

64. — Si tu m'as vendu sciemment la chose d'autrui,
lorsque j'étais de bonne foi, Julien a pensé qu'avant
même qu'il y ait éviction, j'agirai utilement par l'action
ex empto, pour l'intérêt que j'avais à ce qu'elle devînt ma

---

(1) [Il y a éviction et] « la stipulation du double est encourue,
lorsque la chose vendue a été restituée au propriétaire revendiquant,
ou lorsque l'acheteur a été condamné à lui en payer l'estimation, ou
lorsque le possesseur, actionné par l'acheteur, a été absous. »

propriété, car bien que, d'ailleurs, il soit vrai que le vendeur n'est tenu qu'à fournir à l'acheteur *les moyens d'avoir la chose* et non *de le rendre propriétaire*, cependant comme il doit lui garantir l'absence de tout dol, il est tenu, si, sachant que la chose n'était pas à lui, il l'a vendue à un acheteur de bonne foi. Il en est de même, et surtout, s'il a vendu [un esclave] à quelqu'un qui voulait l'affranchir, ou le donner en gage.

65. — Le vendeur d'un esclave doit fournir à l'acheteur tout l'intérêt qu'avait celui-ci à ce que l'esclave appartînt à son vendeur ; c'est pourquoi, soit que l'éviction atteigne le part de l'esclave, ou l'hérédité dont l'esclave a fait adition sur l'ordre de l'acheteur, l'action *ex empto* est recevable ; et de même que le vendeur est obligé de fournir à l'acheteur les moyens d'avoir l'esclave vendu, de même aussi il doit lui *faire avoir* les choses qui pouvaient être acquises par lui.

66. — *Avoir* s'entend de deux manières, car nous disons que quelqu'un *a* une chose lorsqu'il en est propriétaire, et aussi lorsqu'il n'en est pas propriétaire, mais qu'il la détient ; par exemple, nous avons coutume de dire que nous *avons* une chose déposée chez nous (1).

67. — *Avoir* se dit dans deux sens: dans l'un, c'est avoir *à titre de propriété*; dans l'autre, c'est conserver sans trouble ce que l'on a acheté (2).

---

(1) Nous traduisons *denique* par les mots : *par exemple* et non par *enfin* ; car avec ce dernier sens, il y aurait trois applications diverses du mot *habere*, quand le texte n'en annonce que deux *(dupliciter accipitur)* ; d'ailleurs *tenet* est le mot qui répond le mieux au dépôt.

(2) Il est à remarquer que le second sens donné à *habere* par Paul, n'est pas le même que le second donné par Ulpien, en sorte qu'on peut arriver à trois sens en tout.

68. — Si ce qui a été acheté n'a été ni livré, ni mancipé, le vendeur peut être forcé à faire la tradition, ou la mancipation.

69. — Si, par exemple, nous agissons *ex empto* pour qu'un fonds nous soit mancipé, nous devons mettre dans la formule la *præscriptio* suivante : « Que la cause ne soit soumise au juge que pour la mancipation du fonds », afin que si, plus tard, nous voulons que la libre possession nous soit livrée, nous puissions encore agir pour cette tradition, soit par l'action *ex stipulatu*, soit par l'action *ex empto* ; autrement, tout notre droit à ce sujet serait immédiatement épuisé par l'effet de la *litis contestatio*, dans l'action *incerta* ;..... de sorte que, quand nous voudrions ensuite agir pour la tradition de la libre possession, aucune action ne nous resterait.

XVIII. Identité de cause dans les actions réelle et personnelle.

PAULUS, L. 14, § 2, D., *De exceptione rei judicatæ* (XLIV, 2).

70. — « Actiones in personam ab actionibus in rem hoc differunt, quod cum eadem res ab eodem mihi debeatur, singulas obligationes singulæ causæ sequuntur, nec ulla earum alterius petitione vitiatur ; at cum in rem ago, non expressa causa ex qua rem meam esse dico, omnes causæ una petitione adprehenduntur, neque enim amplius quam semel res mea esse potest, sæpius autem deberi potest » (1).

---

(1) Cfr. PAUL, L. 159, D., *De regulis juris* (l., 17) : « Non ut ex pluribus causis deberi nobis idem potest, ita ex pluribus causis idem possit nostrum esse. »

Ulpianus, L. 11, D., *eod. tit.*

71. — Pr. « Si mater filii impuberis defuncti ex senatusconsulto bona vindicaverit, idcirco quia putabat, rupto patris ejus testamento, neminem esse substitutum, victaque fuerit quia testamentum patris ruptum non erat; postea autem, apertis pupillaribus tabulis, apparuit non esse ei substitutum, si peteret rursus hereditatem, obstituram exceptionem rei judicatæ Neratius ait. Ego exceptionem obesse ei rei judicatæ non dubito; sed ex causa succurrendum erit ei quæ unam tantum causam egit rupti testamenti. »

72. — § 1. « Denique et Celsus scribit, si hominem petiero quem ob eam rem meum esse existimavi quod mihi traditus ab alio est, cum is ex hereditaria causa meus esset, rursus mihi petenti obstituram exceptionem. »

73. — § 2. « Si quis autem petat fundum suum esse, eo quod Titius eum sibi tradiderit, si postea alia ex causa petat, causa adjecta (1), non debet summoveri exceptione. »

74. — § 4. « Eamdem causam facit etiam origo petitionis. Cæterum si forte petiero fundum vel hominem, mox alia causa nova post petitionem mihi accesserit, quæ mihi dominium tribuat, non me repellet ista exceptio......; alia enim causa fuit prioris dominii, hæc nova nunc accessit. »

---

(1) Les mots *adjecta causa* qui, avec *non expressa causa* de la loi 14, § 2, *h. t.* (n° 70), font toute la difficulté, dans cette théorie, se trouvent employés d'une manière digne de remarque dans la loi 1, § 2, D., *De rei vindicatione* (vi, 1).

75. — § 5. « Itaque adquisitum quidem postea dominium aliam causam facit, mutata autem opinio petitoris
non facit; ut puta, opinabatur ex causa hereditaria se dominium habere; mutavit opinionem et cœpit putare ex causa
donationis: hæc res non parit petitionem novam ; nam
qualecunque et undecunque dominium adquisitum habuit,
vindicatione prima in judicium deduxit. »

JULIANUS, L. 25, pr., D., eod. tit.

76. « Si is qui heres non erat, hereditatem petierit, et
postea heres factus, eamdem hereditatem petet, exceptione rei judicatæ non summovebitur. »

PAULUS, L. 31, D., eod. tit.

77. — « Paulus respondit: ei qui in rem egisset, nec
tenuisset, postea condicenti non obstare exceptionem rei
judicatæ. »

78. — Les actions personnelles diffèrent des actions
réelles en ce que: lorsqu'une même chose m'est due par
le même débiteur, chaque cause s'attache à chaque obligation, et aucune d'elles n'est viciée par la demande de
l'autre ; mais lorsque j'agis par l'action réelle, n'exprimant
pas la cause en vertu de laquelle je dis que la chose
m'appartient (1), toutes les causes sont comprises dans
une seule demande, car une chose ne peut être à moi plus

---

(1) Notre traduction ne préjuge pas la question qui divise les au-
teurs : à savoir , si la formule de l'action in rem pouvait avoir , ou
non, une demonstratio (Fr. Savigny, Système, t. VI, p. 461 et append.
XVII).

d'une seule fois ; au contraire, elle peut m'être due plus d'une fois (1).

71. — Si une mère a revendiqué, en vertu du sénatus-consulte [Tertullien], les biens de son fils impubère, parce qu'elle pensait que, le testament du père étant rompu, il n'y avait point de substitué [pupillaire], et qu'elle ait succombé parce que le testament du père n'était pas rompu, mais qu'ensuite, les tablettes concernant le pupille étant ouvertes, il apparut qu'il n'avait pas de substitué ; si elle demande de nouveau l'hérédité, Neratius dit qu'on lui opposera l'exception de la chose jugée. Moi je ne doute pas que l'exception de la chose jugée ne doive lui nuire ; mais d'après les circonstances, il faudra lui venir en aide, puisqu'elle n'a fait valoir qu'une seule cause, celle de la rupture du testament.

72. — Enfin Celsus aussi écrit que si j'ai revendiqué un esclave que j'ai cru m'appartenir par le motif qu'il m'avait été livré par quelqu'un, tandis qu'il m'appartenait par suite d'une hérédité, quand je le demanderai de nouveau, je serai repoussé par l'exception.

73. — Si quelqu'un soutient qu'un fonds lui appartient parce que Titius le lui a livré, si ensuite il le revendique par une autre cause, la cause étant ajoutée (2), il ne doit pas être repoussé par l'exception.

74. — C'est l'origine de la demande qui fait l'identité de cause. Au reste, si j'ai revendiqué un fonds ou un esclave, et qu'ensuite, après ma demande, une autre cause

---

(1) Cfr. PAUL, L. 159, D., *De regulis juris* (L, 17) : « Tandis que la même chose peut nous être due pour plusieurs causes, elle ne peut de même nous appartenir pour plusieurs causes. »

(2) Même observation qu'au nᵒ 70, note 1.

nouvelle me soit survenue, laquelle m'attribue la propriété, l'exception de chose jugée ne me repoussera pas;.... car la cause de ma première prétention était différente, et maintenant c'en est une autre qui s'y est ajoutée.

75. — C'est pourquoi ce qui constitue une autre cause de demande, est la propriété acquise postérieurement et non le changement d'opinion du demandeur; par exemple, il pensait avoir la propriété, en vertu d'une cause héréditaire; il a changé d'opinion et a commencé à croire que c'était en vertu d'une donation : cela ne lui donne pas le droit de former une demande nouvelle ; car, quelles que soient la nature et l'origine de son acquisition de la propriété, il l'a soumise au juge par la première revendication.

76. — Si celui qui n'était pas héritier, a revendiqué l'hérédité, et ensuite, devenu héritier, revendique la même hérédité, il ne sera pas repoussé par l'exception de chose jugée.

77. — Paul a répondu que celui qui a intenté l'action réelle et n'a pas triomphé, peut ensuite exercer l'action personnelle, sans craindre l'exception de chose jugée.

TABLE DES MATIÈRES.

TABLE DES TEXTES.

* Les Textes précédés d'une astérisque ne sont cités que dans les notes.

BIBLIOTHÈQUE IMPÉRIALE IMPR.

www.ingramcontent.com/pod-product-compliance
Lightning Source LLC
Chambersburg PA
CBHW050530210326
41520CB00012B/2506